④ SAISONAL, BUNT, LECKER

Am besten schmeckt es, wenn Sie gerade das essen, was momentan Saison hat. Ist das Lebensmittel auch noch aus der Region, ist die Freude besonders groß. Denn kurze Transportwege schonen zudem die Umwelt. Auch der Geschmack profitiert davon, denn das Obst und Gemüse werden so auch reifer geerntet, was für ein intensiveres Aroma sorgt.

③ FIX AUS 1 TOPF

Damit alles noch schneller geht und Sie nicht lange auf Ihr Essen warten müssen, empfiehlt es sich, im Voraus zu planen, Einkaufslisten zu schreiben und sich einen guten Vorrat anzulegen. So können Sie auch ohne vorher einzukaufen etwas Leckeres kochen.

1-TOPF
—GERICHTE—

DIE BESTEN REZEPTE

E = EINFACH

Wenige Zutaten, die nicht zu teuer und möglichst nicht zu ausgefallen sind. Einfache, übersichtliche und vor allem verständliche Rezepte.

A = ANFÄNGER

Die Rezepte sind technisch nicht zu anspruchsvoll und sind somit auch für Anfänger geeignet. Viele Anregungen inspirieren jedoch auch den schon erfahrenen Koch.

S = SCHNELL

Alltagstaugliche Rezepte, die auch ohne viel Zeitaufwand und Stress schnell zu meistern sind. Ganz nach dem Motto: Schnell zum Genuss.

Y = YUMMY

Gute Mischung aus Klassikern und Trendthemen. Raffinierte, aber trotzdem unkomplizierte Rezepte, die einfach schmecken.

 **ZUBEREITUNGSZEIT:** Wie viel Zeit Sie fürs Vorbereiten, Schnippeln oder Rühren benötigen, verbirgt sich hinter diesem Symbol.

 **GAR- UND WARTEZEIT:** Die kleine Stoppuhr verrät Ihnen, wie lange das Gericht kocht, schmort oder in den Ofen muss.

❤ **Besonders lecker**

💡 **Einfach clever**

⭐ **Unser Tipp**

🔄 **Unsere Variante**

INHALT

SO GELINGT ALLES GANZ EASY

Ein (großer) Topf ...

macht viele Esser glücklich. Für eine große Runde kocht man am besten den Klassiker aller 1-Topf-Rezepte, den Eintopf. Eine deftige Suppe oder ein reichhaltiger Party-Eintopf – auch als vegetarische oder vegane Variante – ist der perfekte Sattmacher, lässt sich wunderbar vorbereiten und prima aufwärmen. Übrigens schmecken viele Rezepte doppelt so gut, wenn das Gericht Zeit hatte, etwas durchzuziehen.

(K)Ein Wunder: 1-Topf-Pasta

1-Topf-Pasta ist ebenso einfach wie genial: Nudeln und Sauce kochen ganz unkompliziert gleichzeitig im selben Topf. Einfach alle rohen Zutaten klein schneiden, ab in den Topf damit, etwas Wasser oder Brühe dazu, und ein paar Minuten später steht das Essen auf dem Tisch. Super für alle, die schnelle Rezepte lieben und dabei nicht auf Genuss verzichten wollen. Dieses Prinzip führt zu einem besonderen Geschmackserlebnis: Weil die Nudeln in einer leckeren Sauce garen, saugen sie sich so schön mit Aroma voll. Aber nicht nur Nudeln, sondern auch Reis und andere Getreidesorten eignen sich gut.

Süßes Topfglück

Nicht nur pikante Speisen lassen sich aus Topf und Pfanne zaubern, auch allerhand süße Leckereien sind daraus ein Kinderspiel. Ob ein einfacher Milchreis, saftiger Kaiserschmarren oder ein leckeres Pfanneküchlein, es gibt viele Süßspeisen, die nicht auf den Ofen angewiesen sind.

KRÄUTER

Sie sind klein und fallen im Topf kaum auf, sind aber wahre Aromawunder: Egal, ob Thymian, Rosmarin oder Petersilie — Kräuter verfeinern die schnelle 1-Topf-Küche.

Fix und fertig

So macht kochen richtig Spaß: Während das schnelle 1-Topf- bzw. 1-Pfannen-Gericht vor sich hingart, bleibt ausreichend Zeit, um wieder klar Schiff in der Küche zu machen. Messer, Brettchen, Schüsseln etc. verschwinden in der Spülmaschine oder trocknen schon mal im Abtropfgestell. Und nach dem Essen wartet nur noch ein großer Topf bzw. eine Pfanne auf den Abwasch – das war's. Mit diesen genialen Rezeptideen für jeden Tag bleibt also viel mehr Zeit zum Genießen.

GEWUSST WAS
KLEINE, SCHLAUE WARENKUNDE

Topf

Ein mittelgroßer Topf mit einem Fassungs-
vermögen von etwa 5 Litern ist die Allround-
version in der Küche und ideal für alle
1-Topf-Gerichte. In ihm findet von Suppe
und Eintopf über Nudeln und Getreide bis
zum voluminösen Gemüse alles Platz.

Sieb

Küchensiebe sind unerlässliche Helfer und
vom groben Abtropfsieb bis zum feinen
Passiersieb erhältlich. Praktisch sind Abgieß-
hilfen aus Edelstahl, wenn das Gargut im
Topf verbleiben soll.

Brett

Bretter aus Eichenholz, Bambus oder Kunststoff sind hygienisch unbedenklich und schonen die Messerklingen.

Schüsseln

Verschieden große Schüsseln aus Edelstahl
oder Kunststoff werden bei der Vorbereitung
und zum Aufbewahren benötigt. Metall-
schüsseln vertragen starke Hitze und Kälte
gleichermaßen und leiten die Umgebungs-
temperatur an den Schüsselinhalt weiter.
Ideal sind Schüsseln mit breitem Schüttrand.

Küchenhelfer

Zur sinnvollen Basisausstattung zählen Koch-
löffel, Schaumlöffel, Suppenkelle, Pfannenwender, Schneebesen, Schäler, Kartoffel-
presse oder Kartoffelstampfer sowie eine
Küchenreibe mit feiner und grober
Reibfläche.

Pfannen

In antihaftbeschichteten Pfannen klebt auch
mit wenig Fett nichts am Pfannenboden an.
Unbeschichtete Pfannen vertragen große
Hitze und sind unempfindlich gegen Kratzer
und Stöße.

Messer

Eine gute Grundausstattung von Messern
besteht aus einem kleinen Universalmesser
zum Putzen und Kleinschneiden, einem Messer mit Wellenschliff für Brot, weiche Früchte
bzw. Tomaten, einem Fleischmesser und
einem großen Kochmesser, z.B. zum Hacken
von Kräutern. Messer sollten gut in der Hand
liegen – und natürlich scharf sein.

01

SUPPEN UND
— EINTÖPFE —

KALBFLEISCHBÄLLCHEN
IN RINDERBRÜHE

ZUBEREITUNG
🥄 15 MIN.   ⏱ 15 MIN.

01. Für die Kalbfleischbällchen die Petersilie waschen und trocken schütteln. Die Blätter mit den Stielen fein hacken. Etwas für die Garnitur beiseitelegen. Die Kapern in einem Sieb abtropfen lassen und fein hacken.

02. Die Petersilie mit den Kapern, der Zitronenschale und dem Hackfleisch in eine Schüssel geben. Mit Salz, Pfeffer, Muskatnuss und Senf würzen. Eier und Semmelbrösel hinzu-fügen und alles gut mit den Händen verkneten.

03. Aus der Masse mit angefeuchteten Händen etwa wal-nussgroße Bällchen formen. Das Butterschmalz in einer Pfanne erhitzen und die Bällchen darin rundherum anbraten.

04. Die Brühe erhitzen und die Kalbfleischbällchen darin 10 Minuten ziehen lassen. Mit der beiseitegelegten Petersilie garniert servieren.

♥ *Besonders lecker wird die Suppe, wenn Sie in Streifen geschnittene Pfannkuchen dazugeben.*

ZUTATEN
FÜR 4 PERSONEN

+ 1 Bund Petersilie
+ 1 EL Kapern
+ abgeriebene Schale von 1 Bio-Zitrone
+ 250 g Kalbshackfleisch
+ Salz • Pfeffer aus der Mühle
+ frisch geriebene Muskatnuss
+ 1 EL Senf
+ 2 Eier
+ 1—2 EL Semmelbrösel
+ 1 EL Butterschmalz
+ ¾ l Fleischbrühe

KOHLRABI-KARTOFFEL-SUPPE
MIT SCHNITTLAUCHÖL

ZUBEREITUNG

🥄 20 MIN.   ⏱ 15 MIN. + 1 STD. ZIEHEN

01. Für das Schnittlauchöl den Schnittlauch waschen und trocken schütteln. In einem kleinen Topf 6 EL Olivenöl erhitzen und den Schnittlauch mit der Schere in groben Stücken hineinschneiden. Den Schnittlauch unter Rühren bei schwacher Hitze kurz dünsten, dann alles in einem hohen Rührbecher mit dem Stabmixer fein pürieren. Dabei das restliche Olivenöl dazugießen. Das Schnittlauchöl leicht mit Salz würzen und etwa 1 Stunde ziehen lassen.

02. Inzwischen für die Suppe die Kartoffeln und die Kohlrabi schälen und in kleine Würfel schneiden. Das Öl in einem Topf erhitzen und Kartoffeln und Kohlrabi darin kurz andünsten. Mit der Brühe ablöschen und zugedeckt bei schwacher Hitze etwa 15 Minuten garen.

03. Währenddessen den Räucherlachs in dünne Streifen schneiden. Etwa 2 EL Gemüsewürfel aus der Suppe nehmen und beiseitelegen. Die Sahne zur Suppe geben und alles mit dem Stabmixer fein pürieren. Die Suppe mit Salz, Pfeffer und etwas Schnittlauchöl würzen.

04. Die Suppe in tiefen Tellern anrichten und die beiseitegelegten Gemüsewürfel sowie den Räucherlachs daraufgeben. Zum Servieren jeweils etwas Schnittlauchöl darüberträufeln. Die Kresse vom Beet schneiden, waschen, trocken tupfen und über die Kohlrabi-Kartoffel-Suppe streuen.

💡 *Der Clou an diesem Rezept ist das selbst gemachte Schnittlauchöl. Der Rest hält sich im Kühlschrank noch mehrere Tage und kann wunderbar für Salate verwendet werden.*

ZUTATEN
FÜR 4 PERSONEN

FÜR DAS SCHNITTLAUCHÖL:

+ **2 Bund Schnittlauch**
+ **100 ml Olivenöl**
+ **Salz**

FÜR DIE SUPPE:

+ **400 g mehligkochende Kartoffeln**
+ **400 g Kohlrabi**
+ **4 EL Öl**
+ **700 ml Gemüsebrühe**
+ **50 g geräucherter Lachs (in dünnen Scheiben)**
+ **50 g Sahne**
+ **Salz • Pfeffer aus der Mühle**
+ **1 Kästchen Gartenkresse**

LAUCHCREMESUPPE
MIT PETERSILIENÖL

ZUBEREITUNG

🔥 **15 MIN.**   ⏱ **30 MIN. + 1 STD. ZIEHEN**

01. Für das Petersilienöl die Petersilie waschen und trocken schütteln, die Blätter abzupfen und in einem hohen Rührbecher mit dem Mandel- oder Traubenkernöl mit dem Stabmixer fein pürieren. Das Petersilienöl leicht mit Salz würzen und etwa 1 Stunde ziehen lassen.

02. Inzwischen für die Suppe den Lauch putzen und waschen, 2 Stangen längs halbieren und die weißen und hellgrünen Teile in 1 cm breite Stücke schneiden. Den übrigen Lauch beiseitelegen. Die Kartoffeln schälen und in Würfel schneiden. Die Zwiebel schälen und in feine Würfel schneiden.

03. In einem großen Topf 2 EL Olivenöl erhitzen und die Zwiebel darin bei mittlerer Hitze andünsten. Lauch und Kartoffeln dazugeben und 2 bis 3 Minuten mitdünsten. Brühe und Mandeldrink dazugießen, alles zugedeckt aufkochen und bei mittlerer Hitze 15 bis 20 Minuten garen.

04. Die beiseitegelegte Lauchstange in feine Ringe schneiden und im restlichen Olivenöl in einer beschichteten Pfanne bei mittlerer Hitze 4 bis 5 Minuten dünsten. Mit Salz würzen.

05. Die Sahne zur Suppe geben und mit dem Stabmixer fein pürieren. Mit Salz, Pfeffer und Muskatnuss abschmecken. Die Suppe in tiefen Tellern anrichten, mit den Lauchringen bestreuen und mit dem Petersilienöl beträufeln.

**ZUTATEN
FÜR 4 PERSONEN**

FÜR DAS PETERSILIENÖL:

+ **1 Bund Petersilie**
+ **6 EL Mandel- oder Traubenkernöl**
+ **Salz**

FÜR DIE SUPPE:

+ **3 dünne Stangen Lauch (à ca. 150 g)**
+ **200 g mehligkochende Kartoffeln**
+ **1 Zwiebel**
+ **3 EL Olivenöl**
+ **1½ l Gemüsebrühe**
+ **300 ml Mandeldrink**
+ **150 g Sahne**
+ **Salz • Pfeffer aus der Mühle**
+ **frisch geriebene Muskatnuss**

TOMATEN-BROT-SUPPE
MIT GRÜNEN BOHNEN

ZUBEREITUNG
🍴 20 MIN. ⏱ 20 MIN.

01. Die Paprikaschoten längs vierteln, entkernen, waschen und in 2 cm große Stücke schneiden. Die Bohnen putzen, waschen und jeweils quer halbieren. Die Frühlingszwiebeln putzen und waschen, die weißen und hellgrünen Teile schräg in 1 cm breite Scheiben schneiden.

02. Die Tomaten waschen, Cocktailtomaten halbieren, große Tomaten in 2 cm große Stücke schneiden, dabei Stielansätze und Kerne entfernen. Die Knoblauchzehen schälen und in feine Würfel schneiden. Die Kräuter waschen und trocken schütteln, die Nadeln und Blätter abzupfen und fein hacken.

03. Das Olivenöl in einem großen Topf erhitzen und Paprika, Frühlingszwiebeln und Knoblauch darin bei mittlerer Hitze 5 Minuten andünsten. Tomatenmark, Kräuter und Zitronenschale dazugeben und alles gut verrühren. Mit der Brühe aufgießen und die Bohnen hinzufügen. Die Suppe zum Kochen bringen und bei mittlerer Hitze 10 Minuten köcheln lassen.

04. Die Tomaten in die Suppe geben und bei schwacher Hitze noch etwa 5 Minuten garen. Inzwischen das Baguette in 1 cm große Würfel schneiden. Das Basilikum waschen und trocken schütteln, die Blätter abzupfen, fein hacken und mit dem Brot unter die Suppe heben. Die Tomaten-Brot-Suppe mit Salz und Pfeffer abschmecken und sofort servieren.

❤ *Hier kommen alle auf ihre Kosten, die sich am liebsten mit dem Löffel satt essen — und dabei ein bisschen Italien-Feeling genießen möchten. Wer mag, röstet das Brot vorher noch in etwas Olivenöl in der Pfanne an.*

ZUTATEN
FÜR 4 PERSONEN

+ 250 g rote Spitzpaprikaschoten
+ 250 g grüne Bohnen
+ 3 Frühlingszwiebeln
+ 500 g gemischte Tomaten (z.B. bunte Cocktailtomaten, Strauch- oder Ochsenherztomaten)
+ 3 Knoblauchzehen
+ 1 Zweig Rosmarin
+ 6 Zweige Thymian
+ 4 EL Olivenöl
+ 1½ EL Tomatenmark
+ 1 Streifen Bio-Zitronenschale
+ 1¼ l Gemüsebrühe
+ 80 g Vollkornbaguette
+ 1 Bund Basilikum
+ Salz • Pfeffer aus der Mühle

WILDKRÄUTERSUPPE
MIT SCHÜTTELBROT

ZUBEREITUNG
🍶 10 MIN. ⏱ 10 MIN.

01. Die Kräuter verlesen, waschen, trocken schütteln und grobe Stiele entfernen. Die Kräuter fein hacken. Gut 1 EL der Kräutermischung zugedeckt beiseitestellen. Die Zwiebel schälen und in feine Würfel schneiden.

02. Die Butter in einem großen Topf erhitzen und die Zwiebel darin andünsten. Das Mehl darüberstäuben und unter Rühren hellgelb anschwitzen. Die Brühe unter kräftigem Rühren dazugießen und die Suppe offen bei mittlerer Hitze etwa 10 Minuten sämig einköcheln lassen.

03. Inzwischen das Brot in kleine Stücke brechen. Die Kräuter und die Sahne unter die Suppe rühren und kräftig aufkochen, bis die Kräuter zusammenfallen. Die Suppe mit Salz, Pfeffer und 1 Prise Muskatnuss abschmecken und auf tiefe Teller verteilen. Die beiseitegelegten Kräuter und die Brotstückchen darüberstreuen und die Suppe sofort servieren.

💡 *Schüttelbrot ist eine Art Knäckebrot aus Roggenmehl, das sehr lange haltbar ist. Gewürzt wird die Südtiroler Spezialität mit Kümmel, Fenchel und Koriander. Das dünne und extra-knusprige Brot ist bis zu 1 Jahr haltbar.*

ZUTATEN
FÜR 4 PERSONEN

+ 150 g gemischte Wildkräuter (z.B. Bärlauch, Sauerampfer, Brennnesseln, Giersch, Guter Heinrich)
+ 1 große Zwiebel
+ 2 EL Butter
+ 2 EL Mehl
+ 1 l Gemüsebrühe
+ 1 Schüttelbrot
+ 100 g Sahne
+ Salz • Pfeffer aus der Mühle
+ frisch geriebene Muskatnuss (oder gemahlener Kümmel)

KÜRBISSUPPE
MIT CHILI-GREMOLATA

ZUBEREITUNG
🍴 15 MIN.   ⏱ 25 MIN.

01. Den Kürbis waschen, vierteln und entkernen. Die Kürbisviertel zuerst in breite Spalten, dann in etwa 2 cm große Würfel schneiden. Zwiebel und Ingwer schälen und in feine Würfel schneiden.

02. Das Olivenöl in einem Topf erhitzen und Zwiebel und Ingwer darin 1 bis 2 Minuten andünsten. Den Kürbis hinzufügen und 2 Minuten mitdünsten. Brühe und Sahne dazugießen, aufkochen und mit Salz und Pfeffer würzen. Alles zugedeckt bei schwacher Hitze 15 bis 20 Minuten garen, bis die Kürbiswürfel weich sind.

03. Inzwischen die Kürbiskerne in einer Pfanne ohne Fett anrösten, bis sie anfangen zu knistern. Vom Herd nehmen und abkühlen lassen.

04. Für die Gremolata die Zitrone heiß waschen, abtrocknen und die Schale fein abreiben. Die Knoblauchzehe schälen und in feine Würfel schneiden. Die Petersilie waschen und trocken schütteln, die Blätter abzupfen und fein hacken. Mit Knoblauch, Zitronenschale und Chiliflocken mischen.

05. Die Suppe mit dem Stabmixer fein pürieren. Nochmals mit Salz und Pfeffer abschmecken und in tiefen Tellern anrichten. Mit Gremolata und Kürbiskernen bestreuen und mit Kürbiskernöl beträufeln. Sofort servieren.

⭐ *Für einen zusätzlichen Aromakick 1 EL Madras-Currypulver mit dem Kürbis in den Topf geben und unter Rühren 1 Minute dünsten. Dann wie im Rezept beschrieben fortfahren.*

ZUTATEN
FÜR 4 PERSONEN

+ **600 g Hokkaidokürbis**
+ **1 Zwiebel**
+ **1 haselnussgroßes Stück Ingwer**
+ **2 EL Olivenöl**
+ **750 ml Gemüsebrühe**
+ **125 g Sahne**
+ **Salz • Pfeffer aus der Mühle**
+ **2 EL Kürbiskerne**
+ **1 Bio-Zitrone**
+ **1 Knoblauchzehe**
+ **½ Bund Petersilie**
+ **½ TL Chiliflocken**
+ **1 EL Kürbiskernöl**

*Lust auf leichten Genuss?
Überraschend Besuch vor der Tür?
Keine Zeit zum Einkaufen?
Kein Problem, wir haben da was
Feines. Die drei Suppen aus fri-
schem Gemüse oder aus Vorräten
sind blitzschnell auf dem Tisch.*

ROTE-LINSEN-SUPPE
MIT SPINAT

ZUBEREITUNG 30 MIN.
ZUTATEN FÜR 4 PERSONEN

1 Zwiebel und **2 Knoblauchzehen** schälen, in feine Würfel
schneiden und in **2 EL Öl** andünsten. Mit **1 EL Currypulver** be-
stäuben und anbraten. **200 g rote Linsen** dazugeben, **800 ml
Gemüsebrühe** und **½ l Möhrensaft** (am besten frisch aus dem
Entsafter) dazugießen, alles aufkochen und bei schwacher
Hitze 10 Minuten köcheln lassen. Inzwischen **100 g jungen
Blattspinat** verlesen, waschen und trocken schütteln, grobe
Stiele entfernen. Die Suppe im Topf mit dem Stabmixer fein
pürieren, mit **Salz** und **Pfeffer** würzen. Den Spinat zur Suppe
geben und kurz zusammenfallen lassen. Die Suppe in
Schalen oder tiefen Tellern servieren.

ERBSENCREMESUPPE
MIT WASABI

ZUBEREITUNG 🕯 30 MIN.
ZUTATEN FÜR 4 PERSONEN

2 Schalotten schälen, in feine Würfel schneiden
und in **2 EL Öl** andünsten. **½ l Gemüsebrühe** und
150 g Sahne dazugießen. **350 g TK-Erbsen** zur
Suppe geben, alles aufkochen und bei mittlerer
Hitze etwa 15 Minuten kochen. Inzwischen **40 g
Mandelblättchen** in einer Pfanne bei mittlerer Hitze
goldbraun rösten, herausnehmen und abkühlen
lassen. Die Suppe im Topf mit dem Stabmixer fein
pürieren. Mit **Salz**, **Pfeffer**, **1 bis 2 TL Zitronensaft**
und **2 TL Wasabi-Paste** abschmecken. Die Suppe
in Schalen oder tiefen Tellern anrichten und mit
den Mandelblättchen bestreuen.

ROTE-BETE-SUPPE
MIT MUSKAT

ZUBEREITUNG 🕯 30 MIN.
ZUTATEN FÜR 4 PERSONEN

500 g gegarte geschälte Rote Beten (vakuumver-
packt) in Würfel schneiden. **1 Zwiebel** und **1 Knoblauchzehe** schälen, in feine Würfel schneiden und
in **1 EL Olivenöl** andünsten. Rote Beten dazugeben
und kurz andünsten. **400 ml Gemüsebrühe** dazugießen, alles aufkochen und bei schwacher Hitze
10 Minuten köcheln lassen. Dann **100 g Sahne** unterrühren und die Suppe im Topf fein pürieren. Mit
Salz, **Pfeffer**, **frisch geriebener Muskatnuss** und
1 bis 2 EL Weißweinessig abschmecken. Die Suppe
in Schalen anrichten und jeweils mit **1 EL leicht
geschlagener Sahne** und **1 TL Schnittlauchröllchen**
garnieren.

LINSEN-DAL
MIT CASHEWMUS

ZUBEREITUNG
🥄 35 MIN.   ⏱ 10 MIN.

01. Die Möhre putzen, schälen, längs halbieren und in
Scheiben schneiden. Die Tomaten waschen und halbieren,
Kerne und Stielansätze entfernen. Die Tomatenhälften in
Würfel schneiden. Zwiebel, Knoblauch und Ingwer schälen
und in feine Würfel schneiden. Die Linsen in einem Sieb
waschen und abtropfen lassen.

02. Die Butter in der Pfanne erhitzen, Zwiebel, Knoblauch,
Ingwer, Chili und 1 Msp. Kreuzkümmel darin andünsten, bis
die Zwiebelwürfel glasig sind. Currypulver, Honig, Möhre
und Tomaten dazugeben und kurz in der Pfanne schwenken. Die Linsen untermischen, ½ l heißes Wasser angießen,
aufkochen und alles zugedeckt bei schwacher bis mittlerer
Hitze 8 Minuten köcheln lassen.

03. Inzwischen die Zitrone heiß waschen und trocken
reiben, die Schale abreiben und den Saft auspressen.
Den Koriander waschen und trocken tupfen, die Blätter
abzupfen und in Streifen schneiden. Die Linsen leicht mit
Salz würzen und offen weitere 6 bis 8 Minuten köcheln,
bis sie gar sind, aber noch etwas Biss haben.

04. Cashewmus, Zitronenschale, 1 EL Zitronensaft und
den Koriander bis auf 1 EL unterrühren, nach Belieben noch
etwas Butter dazugeben. Das Dal mit Salz und Zitronensaft
abschmecken und auf zwei Suppenschalen verteilen. Je 1 EL
Joghurt daraufgeben, mit dem restlichen Koriander und ein
paar Kreuzkümmelsamen garnieren.

**ZUTATEN
FÜR 2 PERSONEN**

+ 1 Möhre (ca. 150 g)
+ 2 Tomaten
+ 1 Zwiebel
+ 1 Knoblauchzehe
+ 15 g Ingwer
+ 150 g rote Linsen
+ ca. 20 g Butter
+ 1 getrocknete rote Chilischote
+ Kreuzkümmelsamen
+ 2 TL Currypulver
+ 2 TL Honig
+ 1 Bio-Zitrone
+ 4–5 Stiele Koriander
+ Salz
+ 1 EL Cashewmus (aus dem Bioladen; ersatzweise Mandelmus)
+ 2 EL griechischer Joghurt

UNSER
LIEBLING

BLUMENKOHL-EINTOPF
MIT GRANATAPFEL-PISTAZIEN-TOPPING

ZUBEREITUNG
🍴 20 MIN.　⏱ 25 MIN.

01. Zwiebeln und Knoblauch schälen, in feine Streifen schneiden. Blumenkohl putzen, waschen und in Röschen teilen. Möhren schälen und in Scheiben schneiden. Lauch putzen, die Stange längs halbieren, waschen, in Streifen schneiden.

02. Vom Zitronengras die welken Außenblätter und die obere, trockene Hälfte entfernen, die untere Hälfte fein hacken. Öl in einem Topf erhitzen. Zwiebel und Knoblauch darin goldbraun anbraten. Möhren, Lauch und Zitronengras hinzugeben und mit andünsten. Blumenkohlröschen ebenfalls hinzugeben. Mit Salz, Pfeffer und Curry würzen. Brühe hinzugießen und zum Kochen bringen. Lorbeerblatt hinzugeben. Die Suppe bei schwacher bis mittlerer Hitze etwa 10 Minuten kochen lassen, dabei gelegentlich umrühren.

03. In der Zwischenzeit Kichererbsen in ein Sieb geben, mit kaltem Wasser abspülen und abtropfen lassen.

04. Für das Topping Granatapfel aufbrechen, die Kerne herauslösen. Pistazienkerne in einer Pfanne ohne Fett anrösten, auf einen Teller geben.

05. Kichererbsen zum Eintopf geben und weitere 5 bis 8 Minuten garen. Jeweils etwa ein Drittel der Gemüseeinlage und Brühe aus dem Topf nehmen und im Küchenmixer fein pürieren. Dann wieder unter den restlichen Eintopf mischen und alles weitere etwa 5 Minuten leicht köcheln lassen.

06. Hähnchenfleisch waschen, mit Küchenpapier abtupfen und in feine Streifen schneiden. Öl in der Pfanne erhitzen, die Filetstreifen darin unter Wenden knusprig braun anbraten. Mit Salz, Pfeffer, 1 Prise Piment und Nelke aromatisch würzen. Pistazien- und Granatapfelkerne untermischen.

07. Nochmals abschmecken, mit dem Topping anrichten.

ZUTATEN
FÜR 4 PERSONEN

FÜR DIE SUPPE:

+ **2 Zwiebeln**
+ **2 Knoblauchzehen**
+ **1 kleiner Blumenkohl (ca. 800 g)**
+ **2 Möhren**
+ **1 Stange Lauch (ca. 125 g)**
+ **2 Stängel Zitronengras (aus dem Asialaden)**
+ **2 EL Öl**
+ **Salz • Pfeffer aus der Mühle**
+ **mildes Currypulver**
+ **1,2 l Gemüsebrühe**
+ **1 Lorbeerblatt**
+ **265 g Kichererbsen (aus der Dose)**

FÜR DAS TOPPING:

+ **½ kleiner Granatapfel**
+ **25 g Pistazienkerne**
+ **400 g Hähnchenbrustfilet**
+ **1 EL Öl**
+ **Salz • Pfeffer aus der Mühle**
+ **gemahlener Piment**
+ **gemahlene Gewürznelke**

RAHMGULASCH
MIT KARTOFFELN UND PILZEN

ZUBEREITUNG
🍳 20 MIN. ⏱ 1 STD. 15 MIN. + 30 MIN. ZIEHEN

01. Die getrockneten Pilze knapp mit warmem Wasser bedecken und 30 Minuten einweichen.

02. Die Zwiebeln schälen und in Spalten schneiden. Das Schmalz in einem großen Topf erhitzen und die Zwiebeln darin anbraten. Das Fleisch portionsweise hinzufügen und weiterbraten, bis die Zwiebeln und das Fleisch gut gebräunt sind. Das Tomatenmark und den Honig dazugeben und leicht karamellisieren. Mit dem Wein ablöschen und diesen etwas verkochen lassen. 1,2 l Brühe dazugießen. Die Pilze samt der Einweichflüssigkeit dazugeben. Lorbeerblätter, zerstoßene Pimentkörner, 1 Prise Kümmel und Thymian hinzufügen. Zum Kochen bringen und das Gulasch zugedeckt bei mittlerer Hitze 40 Minuten köcheln lassen.

03. Die Paprikaschoten längs halbieren, entkernen, waschen und klein schneiden. Den Lauch putzen, waschen und in Ringe schneiden. Die Kartoffeln schälen, waschen und in Scheiben schneiden.

04. Nach 40 Minuten die restliche Brühe sowie 1 EL Paprikapulver zum Gulasch geben. Kartoffeln, Lauch und Paprika hinzufügen und alles zugedeckt weitere 15 Minuten garen.

05. Die frischen Pilze putzen, trocken abreiben, in dicke Scheiben schneiden und diese halbieren. Nach 15 Minuten zum Gulasch geben. Alle Zutaten 5 Minuten zugedeckt garen, dann 10 bis 15 Minuten offen köcheln, bis ein sämiges Gulasch entstanden ist. Die Sahne unterrühren und das Gulasch mit Salz, Pfeffer, Paprikapulver und Essig abschmecken. Auf Teller verteilen und nach Belieben mit Petersilie bestreut servieren.

ZUTATEN
FÜR 4 PERSONEN

+ 2 Handvoll getrocknete Steinpilzscheiben
+ 500 g Zwiebeln
+ 2 EL Schweine- oder Butterschmalz
+ 600 g Schweinegulasch
+ 2 EL Tomatenmark
+ 2 EL Honig
+ 400 ml trockener Rotwein
+ 1,6 l Fleischbrühe
+ 2 Lorbeerblätter
+ 4 Pimentkörner
+ ganzer Kümmel
+ 2 TL getrockneter Thymian
+ 2 rote Paprikaschoten
+ 2 Stangen Lauch
+ 700 g festkochende Kartoffeln
+ 2 EL Paprikapulver (rosenscharf)
+ 200 g Champignons
+ 100 g Sahne
+ Salz • Pfeffer aus der Mühle
+ Aceto balsamico
+ Petersilie (nach Belieben)

PICHELSTEINER EINTOPF
MIT ZWEIERLEI FLEISCH

ZUBEREITUNG
🥄 30 MIN.   ⏱ 2 STD.

01. Kartoffeln, Möhren, Petersilienwurzeln und Sellerie schälen und in Scheiben schneiden. Lauch putzen, waschen und in Ringe schneiden. Wirsing putzen, waschen, den harten Strunk entfernen und in feine Streifen schneiden. Die Zwiebeln schälen, halbieren und ebenfalls in feine Streifen schneiden. Das Fleisch in mundgerechte Stücke schneiden.

02. Das Öl in einem ofenfesten Schmortopf erhitzen und das Fleisch darin rundum 4 bis 5 Minuten anbraten. Die Zwiebeln kurz mitbraten und mit Salz und Pfeffer würzen.

03. Den Backofen auf 180 °C vorheizen. Zwei Drittel des Fleischs aus dem Bräter nehmen, das restliche Fleisch auf dem Topfboden verteilen. Darauf eine Lage Kartoffeln und etwas Gemüse schichten. Alles leicht mit Salz, Pfeffer und Kümmel würzen. Majoran und Liebstöckelblätter waschen und trocken schütteln, die Kräuter und das Lorbeerblatt hinzufügen. Abwechselnd Fleisch, Kartoffeln und Gemüse einschichten und würzen, bis alle Zutaten aufgebraucht sind. Dabei mit Kartoffeln abschließen.

04. Die heiße Brühe dazugießen, den Eintopf zugedeckt im Ofen auf der mittleren Schiene 2 Stunden garen, dabei nicht umrühren. Etwa 10 Minuten vor Ende der Garzeit die Petersilie waschen und trocken schütteln, die Blätter abzupfen und fein hacken. Den Eintopf mit Salz und Pfeffer abschmecken und mit der Petersilie bestreut servieren.

🔁 *Der Pichelsteiner Eintopf schmeckt im Frühjahr und Sommer auch mit Blumenkohl, Kohlrabi, Mairübchen, Spitzkohl und Frühlingszwiebeln.*

**ZUTATEN
FÜR 4 PERSONEN**

+ **500 g festkochende Kartoffeln**
+ **2 Möhren**
+ **2 Petersilienwurzeln**
+ **150 g Knollensellerie**
+ **1 Stange Lauch**
+ **400 g Wirsing**
+ **200 g Zwiebeln**
+ **je 250 g Rinderhüfte und Lammschulter**
+ **2 EL Öl**
+ **Salz • Pfeffer aus der Mühle**
+ **1 TL ganzer Kümmel**
+ **2 Stiele Majoran**
+ **2 Liebstöckelblätter**
+ **1 Lorbeerblatt**
+ **¾ –1 l heiße Fleischbrühe**
+ **½ Bund Petersilie**

PERSISCHER RINDFLEISCH-EINTOPF
MIT MÖHREN

01. Die Möhren putzen, schälen, längs vierteln und die Stücke quer halbieren oder dritteln. Die Zwiebeln schälen und in feine Würfel schneiden.

02. In der Pfanne 2 EL Olivenöl erhitzen. Die Möhren darin bei mittlerer Hitze 4 bis 5 Minuten rundum anbraten, bis sie leicht gebräunt sind, dann wieder herausnehmen.

03. Im restlichen Olivenöl das Rindergulasch portionsweise rundum anbraten. Die Zwiebelwürfel dazugeben und weiterbraten, bis sie leicht gebräunt sind. Kardamomkapseln, Kurkuma, 2 Prisen Zimt und das Tomatenmark dazugeben und unterrühren. Dann die heiße Brühe angießen und alles bei schwacher bis mittlerer Hitze 30 Minuten mit schräg aufgelegtem Deckel, danach weitere 30 Minuten zugedeckt garen.

04. Nach 1 Stunde die Schälerbsen dazugeben und 1¾ l kochendes Wasser angießen. Zugedeckt weitere 30 Minuten garen. Inzwischen die Kartoffeln schälen, waschen und achteln. Kartoffeln und Pflaumen zum Gulasch geben und weitere 10 Minuten zugedeckt köcheln. Die Möhren und 1 TL Honig hinzufügen und alles mit schräg aufgelegtem Deckel 20 Minuten fertig garen.

05. Die Petersilie waschen und trocken tupfen, die Blätter abzupfen und grob hacken. Die Zitronen heiß waschen und trocken reiben. Die Schale abreiben, aus einer Zitrone den Saft auspressen. Zitronenschale und 2 EL Zitronensaft unter den Eintopf rühren. Alles mit Salz, Pfeffer, Zitronensaft und Honig abschmecken. Den Eintopf auf tiefe Teller verteilen und mit Petersilie bestreuen. Dazu schmeckt frisches Fladenbrot.

**ZUTATEN
FÜR 4 PERSONEN**

+ **800 g Möhren**
+ **2 Zwiebeln**
+ **4 EL Olivenöl**
+ **600 g Rindergulasch**
+ **8 Kardamomkapseln**
+ **2 TL gemahlene Kurkuma**
+ **Zimtpulver**
+ **2 EL Tomatenmark**
+ **1,2 l heiße Fleischbrühe**
+ **100 g gelbe Schälerbsen**
+ **800 g festkochende Kartoffeln**
+ **150 g Trockenpflaumen**
+ **1–2 EL Honig**
+ **2 Stiele Petersilie**
+ **2 Bio-Zitronen**
+ **Salz • Pfeffer aus der Mühle**

FISCH-EINTOPF
MIT FENCHEL UND TOMATEN

ZUBEREITUNG
🧤 15 MIN.   ⏱ 35 MIN.

01. Die Zwiebeln schälen und in Ringe schneiden. Den Fenchel putzen und waschen, den harten Strunk entfernen und den Fenchel in mundgerechte Stücke schneiden. In einem Topf 4 EL Olivenöl erhitzen und Zwiebeln und Fenchel darin andünsten. Mit dem Wein und dem Fond ablöschen. Den Safran und die Kräuter unterrühren und das Gemüse 15 bis 20 Minuten köcheln lassen.

02. Den Lauch putzen, waschen und in 3 bis 4 cm lange Stücke schneiden. Die Butter in einer Pfanne erhitzen und den Lauch darin bei mittlerer Hitze anbraten. Dann die Temperatur erhöhen, den Zucker darüberstreuen und karamellisieren, mit Pernod ablöschen.

03. Inzwischen die Tomaten waschen, halbieren, entkernen und in dünne Scheiben schneiden, dabei die Stielansätze entfernen. Zum Fenchel geben, alles mit Salz und Pfeffer würzen und mit Zitronensaft abschmecken. Die Tomaten 4 Minuten ziehen lassen.

04. Den Thymian und Rosmarin waschen und trocken schütteln. Den Knoblauch schälen und grob zerdrücken. Die Fischfilets waschen, trocken tupfen und eventuelle Gräten entfernen. Das restliche Olivenöl in einer Pfanne erhitzen und die Kräuterzweige und den Knoblauch hineingeben, die Fischfilets daraufsetzen und bei mittlerer Hitze auf beiden Seiten etwa 4 Minuten kross braten.

05. Den Dill waschen, trocken tupfen, die Spitzen abzupfen und grob hacken. Den Fisch mit einem Pfannenwender in der Pfanne in grobe Stücke teilen. Dill, Fisch und Lauch in die Suppe geben und kurz darin erhitzen. Den Schnittlauch waschen, trocken schütteln, in nicht zu kurze Röllchen schneiden und über den Eintopf streuen. Den Fisch-Eintopf mit frischem Weißbrot servieren.

ZUTATEN
FÜR 4 PERSONEN

+ 2 Zwiebeln
+ 2 Fenchelknollen (à 200 g)
+ 6 EL Olivenöl
+ 200 ml Weißwein
+ 400 ml Fischfond
+ 1 Döschen gemahlener Safran
+ je 1 TL getrockneter Dill, Estragon, Kerbel und getrocknetes Basilikum
+ 340 g Lauch
+ 2 EL Butter
+ 2 TL Zucker
+ 4 EL Pernod (Anisschnaps)
+ 250 g Tomaten
+ Salz • Pfeffer aus der Mühle
+ etwas Zitronensaft
+ je 2 Zweige Thymian und Rosmarin
+ 3 Knoblauchzehen
+ 700 g gemischte Fischfilets (ohne Haut; z. B. Rotbarsch, Kabeljau, Lachs)
+ je 1 Bund Dill und Schnittlauch

CHILI CON CARNE
MIT SÜSSKARTOFFELN

ZUBEREITUNG
🔥 15 MIN.   ⏱ 25 MIN.

01. Die Zwiebeln und den Knoblauch schälen und in feine Würfel schneiden. Die Paprika längs halbieren, entkernen, waschen und klein schneiden. Die Süßkartoffeln schälen und in Würfel schneiden. Die Kidneybohnen in einem Sieb kalt abbrausen und abtropfen lassen.

02. Das Öl in der Pfanne erhitzen und das Hackfleisch darin krümelig braten. Leicht mit Salz würzen. Zwiebeln, Knoblauch, Chilischoten, Oregano, Paprika und Süßkartoffeln dazugeben und unter häufigem Rühren 4 bis 5 Minuten mitbraten. Kreuzkümmel, Kakaopulver und Honig hinzufügen und den Honig leicht karamellisieren.

03. Bohnen, Tomaten und Brühe hinzufügen und zum Kochen bringen. Alles mit geschlossenem Deckel bei mittlerer Hitze etwa 12 Minuten garen. 2 EL Paprikapulver unterrühren und das Süßkartoffel-Chili offen 6 bis 8 Minuten garen, bis die Flüssigkeit stark reduziert ist.

04. Inzwischen die Zitrone heiß waschen und trocken reiben, die Schale fein abreiben und den Saft auspressen. Die Zitronenschale unter das Chili rühren, mit Salz, Pfeffer, Essig und Zitronensaft abschmecken.

05. Die Frühlingszwiebeln putzen, waschen und in feine Ringe schneiden. Das Chili auf Teller verteilen, je 1 EL saure Sahne bzw. Schmand daraufgeben, etwas Paprikapulver darüberstreuen und mit den Frühlingszwiebelringen garnieren.

ZUTATEN
FÜR 4 PERSONEN

+ 2 Zwiebeln
+ 4 Knoblauchzehen
+ 2 rote Paprikaschoten
+ 500 g Süßkartoffeln
+ 2 Dosen Kidneybohnen (à 250 g Abtropfgewicht)
+ 4 EL Öl
+ 300 g Rinderhackfleisch
+ Salz
+ 4 getrocknete rote Chilischoten
+ 2 TL getrockneter Oregano
+ 2 TL gemahlener Kreuzkümmel
+ 2 TL Kakaopulver
+ 2 EL Honig
+ 800 g stückige Tomaten (aus der Dose)
+ 600 ml heiße Gemüsebrühe
+ 2–3 EL Paprikapulver (edelsüß)
+ ½ Bio-Zitrone
+ Pfeffer aus der Mühle
+ ca. 2 EL Aceto balsamico
+ 2 Frühlingszwiebeln
+ 4 EL saure Sahne oder Schmand

02

PASTA, GETREIDE
— UND KARTOFFELN —

GIRANDOLE
MIT LAUCH, SPECK UND CRANBERRYS

ZUBEREITUNG
🍴 **15 MIN.**

01. Den Lauch putzen, in Ringe schneiden, waschen und abtropfen lassen. Den Knoblauch schälen und in feine Würfel schneiden. Die Walnüsse grob in Stücke hacken. Die Speckscheiben dritteln.

02. Das Öl in einer tiefen weiten Pfanne erhitzen und den Speck darin rundum knusprig braten. Walnusskerne hinzufügen und kurz mitbraten. Beides aus der Pfanne nehmen. Die Butter in die Pfanne geben, Lauch und Knoblauch darin andünsten, die Nudeln dazugeben und kurz in der Pfanne schwenken.

03. Die Brühe angießen und aufkochen. Die Cranberrys darüberstreuen. Die Nudeln zugedeckt nach Packungsanweisung bissfest garen, dabei regelmäßig umrühren. Die Speck-Walnuss-Mischung unterrühren und mit Pfeffer würzen.

04. Den Pecorino grob hobeln und leicht untermischen. Die Pasta auf Tellern anrichten und nach Belieben je 1 gehäuften EL Ziegenfrischkäse daraufgeben.

ZUTATEN
FÜR 4 PERSONEN

+ **2 Stangen Lauch**
+ **2 Knoblauchzehen**
+ **60 g Walnusskerne**
+ **150 g Frühstücksspeck (in dünnen Scheiben)**
+ **1 EL Öl**
+ **2 EL Butter**
+ **400 g Girandole (oder andere spiralförmige Nudeln)**
+ **1 l heiße Gemüsebrühe**
+ **60 g getrocknete Cranberrys**
+ **Pfeffer aus der Mühle**
+ **100–120 g Pecorino (am Stück)**

SOMMER-1-TOPF-PASTA
MIT MUSCHELNUDELN

ZUBEREITUNG
🥄 15 MIN.   ⏱ 15 MIN.

01. Aubergine, Zucchini und Paprikaschote putzen und waschen, die Möhren putzen und schälen. Zwiebel und Knoblauch schälen. Alles in feine Würfel, nur die Möhren in feine Streifen schneiden. Die getrockneten Tomaten abtropfen lassen, je nach Größe zerkleinern. Die Cocktailtomaten waschen, trocken reiben und halbieren.

02. Nudeln, Gemüse, getrocknete Tomaten, Zwiebel und Knoblauch in einen großen Topf geben. Brühe, Tomatenmark, Honig und 1 TL Salz verquirlen, angießen und alles vorsichtig mischen.

03. Die 1-Topf-Pasta unter Rühren bei mittlerer Hitze aufkochen. Bei schwacher bis mittlerer Hitze zugedeckt 12 bis 15 Minuten sanft köcheln lassen, bis die Nudeln die Flüssigkeit nahezu komplett aufgenommen haben. Zwischendurch vorsichtig umrühren und bei Bedarf etwas Brühe nachgießen.

04. Die Pasta mit Salz und Pfeffer abschmecken. Mit Schnittlauch und Parmesan bestreut servieren.

ZUTATEN
FÜR 4 PERSONEN

+ 1 Aubergine
+ 1 Zucchini
+ 1 rote Paprikaschote
+ 2 Möhren
+ 1 kleine Zwiebel
+ 1 Knoblauchzehe
+ 75 g getrocknete Tomaten (in Öl)
+ 150 g Cocktailtomaten
+ 250 g Conchiglie (Muschelnudeln)
+ ½ l Gemüsebrühe
+ 2 EL Tomatenmark
+ 1 TL Honig
+ Salz • Pfeffer aus der Mühle
+ 3 EL Schnittlauchröllchen
+ 2 EL geriebener Parmesan

SPITZKOHL-ONE-POT
MIT KÄSE

ZUBEREITUNG
🔥 10 MIN.   ⏱ 20 MIN.

01. Die Zwiebel schälen und klein schneiden. Das Öl in einem Topf erhitzen, die Zwiebel darin unter Wenden gold-gelb anbraten. Die Speckwürfel untermischen und alles bei schwacher bis mittlerer Hitze unter Rühren goldbraun rösten.

02. In der Zwischenzeit den Kohl putzen, waschen, den Strunk herausschneiden und den Kohl in etwa 2 cm große Stücke schneiden. Die Kohlstücke zu dem Speck in den Topf geben und etwa 2 Minuten unter Wenden schmoren.

03. Mit Brühe ablöschen. Mit Salz, Pfeffer und kräftig mit Muskat würzen und zum Kochen bringen. Zugedeckt bei schwacher Hitze etwa 5 Minuten leicht köcheln lassen.

04. Die Temperatur wieder erhöhen und den Eintopf kräftig kochen lassen. Dann die Nudeln unter Rühren dazugeben. Den Eintopf bei schwacher Hitze unter gelegentlichem Rüh-ren 8 bis 10 Minuten köcheln lassen.

05. Sahne und Schmelzkäse in einem kleinen Topf unter Rühren erwärmen und den Käse schmelzen lassen. Die Tomaten waschen, halbieren und die Stielansätze entfernen. Die Tomaten würfeln.

06. Den Sahne-Käse-Mix mit den Tomatenwürfeln, bis auf 2 EL, unter den Eintopf rühren und weitere 1 bis 2 Minuten bei schwacher Hitze köcheln lassen.

07. Den Eintopf nochmals mit Salz und Pfeffer abschme-cken, mit den restlichen Tomatenwürfeln und nach Belieben mit Petersilie servieren.

ZUTATEN
FÜR 4 PERSONEN

+ 1 Zwiebel (etwa 60 g)
+ 1 EL Öl
+ 100 g Räucherspeck in feinen Würfeln
+ 750 g Spitzkohl
+ 1,2 l Geflügelbrühe
+ Salz • Pfeffer aus der Mühle
+ frisch geriebene Muskatnuss
+ 150 g kleine Hörnchennudeln
+ 100 g Schlagsahne
+ 200 g Schmelzkäse
+ 2—3 Tomaten
+ 1—2 EL klein geschnittene, glat-te Petersilie (nach Belieben)

NUDEL-ONE-POT
MIT HÄHNCHEN

ZUBEREITUNG
 15 MIN.   10 MIN.

01. Den Knoblauch schälen und in feine Würfel schneiden. Das Olivenöl in einem großen Topf erhitzen und den Knoblauch mit Ras el Hanout darin kurz andünsten. Den Möhrensaft hinzufügen und mit Salz würzen. Nudeln dazugeben, alles zum Kochen bringen und zugedeckt bei mittlerer Hitze 5 Minuten köcheln lassen.

02. Inzwischen die Hähnchenbrust waschen, trocken tupfen und in feine Streifen schneiden. Zu den Nudeln geben und alles zugedeckt 3 Minuten weiterköcheln lassen. Währenddessen die Zucchini putzen, waschen und in 1 cm große Würfel schneiden. Die Petersilie waschen und trocken schütteln, grobe Stiele entfernen und die Blätter nach Belieben grob oder fein hacken.

03. Den Topf vom Herd nehmen. Zucchini und Kräuter unter den Nudel-One-Pot mischen und alles nochmals 2 Minuten ziehen lassen. Mit Salz abschmecken und auf tiefe Teller oder Schalen verteilen.

 Zu einem farbigen Highlight wird der One-Pot mit Rote-Bete-Saft.

ZUTATEN
FÜR 2 PERSONEN

+ **1 Knoblauchzehe**
+ **2 EL Olivenöl**
+ **1 TL Ras el Hanout**
  (arab. Gewürzmischung)
+ **400 ml Möhrensaft**
+ **Salz**
+ **120 g Vollkornnudeln**
  (10 Min. Kochzeit; z.B. Penne)
+ **150 g Hähnchenbrustfilet**
+ **1 Zucchini (200 g)**
+ **1 Bund Petersilie**

ASIANUDELN MIT GARNELEN
UND SPINAT

ZUBEREITUNG
🍴 30 MIN.   ⏱ 10 MIN.

01. Den Sesam in der Pfanne hellbraun anrösten und wieder herausnehmen. Den Ingwer und den Knoblauch schälen, den Ingwer fein reiben, den Knoblauch in feine Würfel schneiden. Die Limette heiß waschen, trocken reiben, die Schale abreiben und den Saft auspressen. Die Butter zerlassen, mit Ingwer, Knoblauch, Sesam, Limettenschale, 2 EL Limettensaft, Zucker und 1 TL Sambal Oelek verrühren und mit Salz würzen.

02. Die Paprika längs halbieren, entkernen, waschen, in Streifen schneiden und diese halbieren oder dritteln. Den Spinat verlesen, waschen und trocken schleudern, grobe Stiele entfernen. Die Garnelen unter fließendem kaltem Wasser waschen und auf Küchenpapier abtropfen lassen.

03. Das Öl in einer Pfanne erhitzen und die Paprikastreifen darin anbraten. Die Nudeln – sofern sie zu Platten gepresst sind – zerbrechen, dazugeben und kurz mitdünsten. 600 ml heißes, leicht gesalzenes Wasser dazugießen und aufkochen. Alles zugedeckt bei mittlerer Hitze 3 Minuten köcheln lassen. Die Garnelen darauflegen und 3 Minuten zugedeckt garen. Den Spinat darauflegen und zugedeckt zusammenfallen lassen. Alles durchrühren und offen weiterköcheln, bis die Nudeln gar sind und die Flüssigkeit vollständig verkocht ist. Ggf. etwas Wasser dazugeben.

04. Die Würzbutter in die Pfanne geben und bei schwacher Hitze kurz durchschwenken. Die Nudelpfanne mit Salz, Limettensaft und nach Belieben etwas Fischsauce und Sambal Oelek abschmecken. Auf zwei Tellern anrichten und sofort servieren.

ZUTATEN
FÜR 2 PERSONEN

+ 2 EL ungeschälte Sesamsamen
+ 20 g Ingwer
+ 1 Knoblauchzehe
+ 1 Bio-Limette
+ 50 g Butter
+ 2 TL Rohrrohrzucker
+ Sambal Oelek
+ Salz
+ 1 rote Paprikaschote
+ 150 g Blattspinat
+ 250 g rohe Black-Tiger-Garnelen (entdarmt und mit Schale)
+ 1½ EL Öl
+ 250 g Mie-Nudeln

FENCHEL-LAUCH-RISOTTO
MIT KIDNEYBOHNEN

ZUBEREITUNG
🥄 15 MIN.　⏱ 30 MIN.

01. Die Zwiebeln schälen und in feine Würfel schneiden. Den Lauch putzen, waschen und in feine Ringe schneiden. Den Fenchel putzen, waschen und in feine Würfel schneiden. Das Fenchelgrün beiseitelegen.

02. In einer Pfanne 2 EL Öl erhitzen und die Zwiebeln darin andünsten. Fenchelsamen und Reis hinzufügen und kurz mitdünsten. Mit dem Wein ablöschen und einkochen lassen. Ingwer und Knoblauch dazugeben. So viel heiße Brühe angießen, dass der Reis bedeckt ist, und unter häufigem Rühren einköcheln lassen. Dann die Fenchelwürfel hinzufügen.

03. Erneut heiße Brühe angießen und einkochen lassen. Den Lauch dazugeben und die restliche Brühe angießen. Unter gelegentlichem Rühren insgesamt 20 bis 25 Minuten garen, bis der Reis weich, aber im Kern noch bissfest ist.

04. Die Kidneybohnen in ein Sieb abgießen, kalt abbrausen, abtropfen lassen und unter den Reis heben. Kurz darin erhitzen. Das restliche Öl unterrühren und den Risotto mit Salz und Pfeffer würzen.

05. Die Sonnenblumen- und Pinienkerne in einer Pfanne ohne Fett hell rösten. Den Risotto auf Tellern anrichten, den Pecorino darauf verteilen und mit den gerösteten Pinienkernen und dem Fenchelgrün garnieren.

ZUTATEN
FÜR 4 PERSONEN

+ 2 Zwiebeln
+ 2 Stangen Lauch
+ 400 g Fenchelknolle
+ 6 EL Öl
+ 1 TL grüne Fenchelsamen
+ 400 g Risottoreis
+ 200 ml Weißwein
+ 2 TL gehackter Ingwer
+ 4 Knoblauchzehen
  (in Scheiben)
+ 1,6 l heiße Gemüsebrühe
+ 2 Dosen Kidneybohnen
  (à 240 g Abtropfgewicht)
+ Salz • Pfeffer aus der Mühle
+ 2 EL Sonnenblumenkerne
+ 2 EL Pinienkerne
+ 80 g Pecorino (in Spänen)

UNSER
LIEBLING

GERSTENRISOTTO
MIT KRÄUTERN UND KÄSE

ZUBEREITUNG
🍴 15 MIN.　⏱ 30 MIN.

01. Die Kräuter waschen, trocken schütteln und die groben Stiele entfernen. Die Kräuter fein hacken. Die Zwiebel und den Knoblauch schälen und in feine Würfel schneiden.

02. In einem Topf 2 EL Butter erhitzen und die Zwiebel, den Knoblauch und gut die Hälfte der Kräuter darin andünsten. Die Graupen dazugeben und unterrühren.

03. Die Graupen mit etwas heißer Brühe aufgießen und bei schwacher Hitze unter gelegentlichem Rühren einkochen lassen. Diesen Vorgang wiederholen, bis die Graupen nach etwa 30 Minuten noch knapp bissfest sind.

04. Inzwischen den Käse ggf. entrinden und fein reiben. Die restliche Butter in Stückchen schneiden.

05. Den Käse mit der Butter und den restlichen Kräutern unter die Graupen rühren, bis der Käse geschmolzen und die Kräuter zusammengefallen sind. Den Gerstenrisotto mit Salz und Pfeffer abschmecken, auf Teller verteilen und servieren. Nach Belieben mit Hopfen garnieren.

ZUTATEN
FÜR 4 PERSONEN

+ ca. 100 g gemischte Kräuter (z.B. für Grüne Sauce)
+ 1 Zwiebel
+ 2 Knoblauchzehen
+ 4 EL Butter
+ 300 g Graupen (Rollgerste)
+ ca. 1,2 l Gemüsebrühe
+ 100 g Bergkäse (am Stück)
+ Salz • Pfeffer aus der Mühle

ROTE-BETE-RISOTTO
MIT CASHEWKERNEN

ZUBEREITUNG
🕯 15 MIN. ⏱ 25 MIN.

01. Die Roten Beten putzen, waschen, schälen, längs halbieren und vierteln und in etwa ½ cm dicke Scheiben schneiden. Dabei am besten Einmalhandschuhe tragen.

02. Die Zwiebeln schälen und in feine Würfel schneiden. Den Knoblauch schälen und in Scheiben schneiden. In einem Topf 1 EL Olivenöl erhitzen und die Zwiebeln darin andünsten. Den Reis hinzufügen und mitdünsten. Mit Wein ablöschen und einkochen lassen. Rote Beten, Ingwer und Knoblauch hinzufügen und unterrühren. So viel heiße Brühe angießen, dass der Reis bedeckt ist, und unter häufigem Rühren einköcheln lassen. Den Vorgang wiederholen, bis der Reis nach 20 bis 25 Minuten bissfest, aber cremig ist.

03. Den Lauch putzen, waschen und in feine Ringe schneiden. Die Cashewkerne grob hacken. Die Butter in einer Pfanne erhitzen, den Lauch und die Cashewkerne einige Minuten darin andünsten, bis der Lauch leicht braun ist. Mit Salz und Pfeffer würzen.

04. Den Parmesan unter den Risotto rühren und mit Salz und Pfeffer würzen. Den Risotto auf Tellern anrichten, die Lauch-Cashew-Mischung darübergeben und mit dem restlichen Olivenöl beträufeln.

ZUTATEN
FÜR 4 PERSONEN

+ **700 g Rote Beten**
+ **2 Zwiebeln**
+ **2 Knoblauchzehen**
+ **6 EL Olivenöl**
+ **400 g Risottoreis**
+ **200 ml Weißwein**
+ **2 TL gehackter Ingwer**
+ **1,1 l heiße Gemüsebrühe**
+ **1½ kleine Stangen Lauch**
+ **80 g Cashewkerne**
+ **2 EL Butter**
+ **Salz • Pfeffer aus der Mühle**
+ **80 g geriebener Parmesan**

SPINAT-HIRSOTTO
MIT PILZEN

ZUBEREITUNG
🔥 45 MIN. ⏱ 30 MIN.

01. Die getrockneten Steinpilze in 150 ml heißem Wasser etwa 10 Minuten einweichen. Zwiebel und Knoblauchzehen schälen und in feine Würfel schneiden. Die Brühe erhitzen.

02. In einem großen Topf 2 EL Öl erhitzen und Zwiebel und Knoblauch darin bei mittlerer Hitze andünsten. Die Hirse hinzufügen und unter Rühren kurz anbraten. Mit dem Wein ablöschen und fast vollständig einkochen lassen. Die Steinpilze samt Einweichsud dazugeben. So viel heiße Brühe angießen, dass die Hirse bedeckt ist. Dann alles offen unter Rühren 20 bis 25 Minuten garen. Dabei immer wieder etwas heiße Brühe dazugießen, sobald sie von der Hirse fast vollständig aufgesogen ist.

03. Inzwischen die Pilze putzen und, falls nötig, trocken abreiben und in Scheiben schneiden. Den Spinat verlesen, waschen und trocken schleudern, dabei grobe Stiele entfernen. Den Thymian waschen und trocken schütteln, die Blätter abzupfen und fein hacken.

04. Kurz bevor die Hirse fertig ist, das übrige Öl und die Butter in einer Pfanne erhitzen und Pilze und Thymian darin bei mittlerer bis starker Hitze 5 Minuten braten. Den Spinat und die Hälfte der Pilze unter das Hirsotto mischen, mit Salz und Pfeffer abschmecken. Zum Servieren die übrigen Pilze auf dem Hirsotto anrichten.

ZUTATEN
FÜR 4 PERSONEN

+ **15 g getrocknete Steinpilze**
+ **1 Zwiebel**
+ **2 Knoblauchzehen**
+ **900 ml Gemüsebrühe**
+ **4 EL Olivenöl**
+ **200 g Hirse**
+ **100 ml trockener Weißwein**
+ **500 g gemischte Pilze (z.B. Champignons, Egerlinge, Kräuterseitlinge)**
+ **200 g junger Blattspinat**
+ **½ Bund Thymian**
+ **1 EL Butter**
+ **Salz • Pfeffer aus der Mühle**

QUINOA-ONE-POT
GRUNDREZEPT

ZUBEREITUNG 🔥 10 MIN.   ⏱ 15 MIN.
ZUTATEN FÜR 2 PERSONEN

120 g bunte Quinoa in einem Sieb abbrausen. **1 kleine Zwiebel** und **1 Knoblauchzehe** schälen, fein hacken und in einem Topf in **2 EL Rapsöl** andünsten. Quinoa und **200 ml Cashewdrink (ungesüßt)** dazugeben, alles zugedeckt bei schwacher Hitze etwa 15 Minuten köcheln lassen. Mit **Salz** würzen. **3 EL Naturjoghurt** mit **1½ TL Kürbiskernöl** verrühren und dazu reichen.

🔄 *Für einen fruchtigen Quinoasalat 120 g Quinoa in Wasser weich kochen. ½ Bund Koriandergrün, gewürfeltes Fruchtfleisch von ½ Orange und 3 EL Granatapfelkerne untermischen.*

QUINOA-ONE-POT
MIT SPINAT UND ORANGE

ZUBEREITUNG 🔥 15 MIN.
ZUTATEN FÜR 2 PERSONEN

Die Quinoa wie im Grundrezept beschrieben zubereiten. **100 g TK-Blattspinat** nach 10 Minuten Garzeit unter die **Quinoa** ziehen und alles 5 Minuten fertig garen. **1 kleine Orange** mitsamt der weißen Haut schälen, vierteln und in dünne Scheiben schneiden. Unter die Quinoa mischen. Mit **Muskatnuss** würzen.

⭐ *Quinoa ist im Topf schnell gezaubert. Wie einfach man sie variieren kann, wird hier gezeigt. Das Grundrezept finden Sie links. Mit den drei weiteren Ideen wird die Quinoa nie langweilig!*

QUINOA-ONE-POT
MIT SPARGEL UND ERDBEEREN

ZUBEREITUNG 🔥 15 MIN.
ZUTATEN FÜR 2 PERSONEN

Die Quinoa wie im Grundrezept beschrieben zubereiten, dabei **200 g grüne Spargelstücke** mitkochen. Inzwischen **100 g Erdbeeren** waschen, putzen, vierteln und zum Schluss untermischen.

QUINOA-ONE-POT
MIT GRÜNKOHL UND APFEL

ZUBEREITUNG 🔥 15 MIN.
ZUTATEN FÜR 2 PERSONEN

200 g Grünkohlblätter waschen, in Streifen schneiden und mit **Zwiebel** und **Knoblauch** andünsten. Den **Quinoa-One-Pot** wie beschrieben fertig zubereiten. **1 roten Apfel** waschen, entkernen, in schmale Stifte schneiden und untermischen.

MANGO-CURRY
MIT GARNELEN

ZUBEREITUNG
🌶 20 MIN.   ⏱ 15 MIN.

01. Zwiebel, Ingwer und Knoblauch schälen und in feine Würfel schneiden. Chili und Paprikaschote längs halbieren, entkernen und waschen. Die Chili in feine Würfel, die Paprika in große Würfel schneiden. Die Süßkartoffel schälen, längs vierteln und in Scheiben schneiden. Die Mango schälen, das Fruchtfleisch zunächst vom Stein und dann in Scheiben schneiden. 250 g abwiegen. Die Garnelen kalt abbrausen, abtropfen lassen und mit Küchenpapier trocken tupfen.

02. Das Öl in einer Pfanne erhitzen. Zwiebel, Ingwer und Chili darin andünsten, bis die Zwiebel glasig ist. Den Knoblauch kurz mitdünsten. 1 TL Zucker, Curry- und Garnelenpaste hinzufügen und etwas andünsten. Paprika und Süßkartoffel dazugeben und mitdünsten. Kokosmilch und ¼ l heißes Wasser dazugeben. Leicht mit Salz würzen und offen 2 bis 3 Minuten einkochen, dann zugedeckt weitere 2 bis 3 Minuten garen.

03. Die Mangoscheiben auf das Curry legen und zugedeckt 2 bis 3 Minuten erwärmen. Die Garnelen darauflegen und alles zugedeckt weitere 2 bis 3 Minuten köcheln, bis die Süßkartoffeln und die Garnelen gar sind.

04. Alle Zutaten gut verrühren und das Curry mit Salz, Zucker und Limettensaft abschmecken. Auf zwei Teller oder Schüsseln verteilen und mit dem Koriander bestreut servieren.

ZUTATEN
FÜR 2 PERSONEN

+ 1 Zwiebel
+ 20 g Ingwer
+ 1 Knoblauchzehe
+ 1 rote Chilischote
+ 1 rote Spitzpaprikaschote
+ 1 Süßkartoffel (ca. 300 g)
+ 1 große reife Mango
+ 200–250 g tiefgekühlte Garnelen (küchenfertig und aufgetaut)
+ 2 EL Öl
+ 1–2 TL Rohrohrzucker
+ 2 EL Madras-Currypaste (aus dem Bioladen; ersatzweise 2–3 TL gelbe Currypaste aus dem Asialaden)
+ ½ TL Garnelenpaste (aus dem Asialaden)
+ 200 ml Kokosmilch
+ Salz
+ 1–1½ EL Limettensaft
+ 1 EL Koriandergrün

WINTER-CURRY
MIT SCHWARZKOHL UND BROKKOLI

ZUBEREITUNG
🍴 25 MIN.   ⏱ 30 MIN.

01. Den Schwarzkohl waschen und trocken schütteln, dicke Stiele entfernen und die Blätter quer in 1 cm breite Streifen schneiden. Den Brokkoli putzen, waschen und in Röschen teilen, den Strunk schälen und in Stifte schneiden. Die Kartoffeln schälen und in etwa 2 cm große Würfel schneiden. Zwiebel, Knoblauch und Ingwer schälen und getrennt in feine Würfel schneiden.

02. Das Kokosöl in einem Topf erhitzen, die Zwiebel und den Knoblauch darin goldgelb andünsten. Den Ingwer und die Currypaste unter Rühren kurz mitrösten. Schwarzkohl, Brokkoli und Joghurt untermischen und 2 Minuten mitdünsten. Die Kartoffeln und die Tomaten hinzufügen, mit Salz und Pfeffer würzen. Das Gemüse zugedeckt 25 bis 30 Minuten garen, dabei gelegentlich umrühren und, falls nötig, ein wenig Wasser dazugeben.

03. Den Koriander waschen und trocken schütteln, die Blätter abzupfen und grob hacken. Das Curry mit Garam Masala würzen, mit Salz und Pfeffer abschmecken und mit dem Koriander bestreuen. Das Winter-Curry nach Belieben mit (Vollkorn-)Reis oder Fladenbrot servieren.

ZUTATEN
FÜR 2 PERSONEN

+ **250 g Schwarzkohlblätter (oder zarte Grünkohlblätter)**
+ **250 g Brokkoli**
+ **2 festkochende Kartoffeln (ca. 200 g)**
+ **1 Zwiebel**
+ **1 Knoblauchzehe**
+ **1 Stück Ingwer (6 cm)**
+ **1 EL Kokosöl**
+ **1–2 EL ind. Currypaste (z.B. Madras-Currypaste)**
+ **2 EL Naturjoghurt**
+ **200 g stückige Tomaten**
+ **Salz • Pfeffer aus der Mühle**
+ **1 Bund Koriander**
+ **¼ TL Garam Masala**

KICHERERBSENCURRY
MIT BLUMENKOHL

ZUBEREITUNG

🔥 20 MIN.   ⏱ 35 MIN.

01. Für das Curry Zwiebel, Ingwer und Knoblauch schälen und in feine Würfel schneiden. Die Chilischote längs halbieren, entkernen, waschen und ebenfalls in feine Würfel schneiden. Den Blumenkohl putzen, waschen und in feine Röschen teilen. Die Zucchini putzen, waschen, längs halbieren und in Scheiben schneiden. Die Möhren putzen, schälen und in Würfel schneiden.

02. Das Olivenöl in einer großen Pfanne erhitzen und die Zwiebel darin andünsten. Ingwer, Knoblauch, Chili, Kreuzkümmel, Koriander und Kurkuma hinzufügen und kurz mitdünsten. Die Tomaten aus der Dose samt Saft, Kokosmus und Gemüsebrühe dazugeben und alles aufkochen lassen. Blumenkohl und Möhren hinzufügen und mit leicht geöffnetem Deckel 20 bis 25 Minuten garen.

03. Die Kichererbsen in ein Sieb abgießen, kalt abbrausen und abtropfen lassen. Nach etwa 10 Minuten Garzeit die Zucchinischeiben und die Kichererbsen zum Curry geben. Wenn das Gemüse gerade bissfest ist, alles mit Salz würzen. Den Joghurt hinzufügen und nur noch kurz erhitzen. Den Koriander waschen, trocken schütteln und grob hacken. Vor dem Servieren über das Essen streuen. Zu dem Curry passt Fladenbrot sehr gut.

ZUTATEN
FÜR 4 PERSONEN

+ 1 große Zwiebel
+ 1 Stück Ingwer (ca. 2 cm)
+ 1–2 Knoblauchzehen
+ 1 rote Chilischote
+ 1 kleiner Blumenkohl
+ 1 Zucchini
+ 2 Möhren
+ 2 EL Olivenöl
+ 3–4 TL gemahlener Kreuzkümmel
+ 2 EL gemahlener Koriander
+ 1–1½ TL gemahlene Kurkuma
+ 400 g stückige Tomaten (aus der Dose)
+ 5–6 EL Kokosmus (aus dem Reformhaus oder dem Bioladen)
+ 350 ml Gemüsebrühe
+ 1 Dose Kichererbsen (Abtropfgewicht 240 g)
+ Salz
+ 200 g Naturjoghurt (oder Sojajoghurt)
+ 1 kleines Bund Koriander

INDISCHES HÄHNCHEN-ONE-POT
MIT WURZELGEMÜSE

ZUBEREITUNG
🕯 20 MIN.   ⏱ 20 MIN.

01. Knoblauch und Ingwer schälen und in feine Würfel schneiden. Die Peperoni längs halbieren, entkernen, waschen und fein würfeln. Knoblauch, Ingwer, Peperoni, Honig, Garam Masala, Currypaste und -pulver, Kokosmilch und Sojasauce verrühren. Das Fleisch waschen und trocken tupfen, in fingerdicke Scheiben schneiden und in die Marinade legen.

02. Die Zwiebel schälen und in feine Würfel schneiden. Den Fenchel putzen, waschen, halbieren und in Spalten schneiden. Das Wurzelgemüse putzen, schälen und in mundgerechte Stücke schneiden. Den Pak Choi putzen und vierteln, dabei den harten Strunk entfernen. Die Blätter waschen und trocken schütteln. Frühlingszwiebeln putzen und die weißen und hellgrünen Teile in etwa 3 cm lange Stücke schneiden. Die restlichen Teile in feine Ringe schneiden.

03. Das Öl in einer Pfanne erhitzen und das Fleisch mit der Marinade hineingeben. Das Fleisch etwa 5 Minuten bei mittlerer Hitze anbraten. Das vorbereitete Gemüse bis auf die Frühlingszwiebelringe dazugeben, mit Brühe aufgießen und kräftig mit Salz und Pfeffer würzen. Mit geschlossenem Deckel weitere 12 Minuten köcheln lassen.

04. Den Hähnchen-One-Pot auf tiefe Teller verteilen und mit Korianderblättern und Frühlingszwiebelringen garniert servieren.

ZUTATEN
FÜR 4 PERSONEN

+ **3 Knoblauchzehen**
+ **100 g Ingwer**
+ **1 rote Peperoni**
+ **1 EL Honig**
+ **1 EL Garam Masala**
+ **1 EL gelbe Currypaste**
+ **1 EL Currypulver**
+ **150 ml Kokosmilch**
+ **50 ml Sojasauce**
+ **300 g Hähnchenbrustfilet**
+ **1 rote Zwiebel**
+ **1 kleine Fenchelknolle**
+ **400 g gemischtes Wurzelgemüse (z. B. Möhren, Petersilienwurzel, Knollensellerie)**
+ **200 g Pak Choi (oder Mangold)**
+ **2 Frühlingszwiebeln**
+ **2–3 EL Erdnussöl**
+ **500 ml Geflügelbrühe**
+ **Salz • Pfeffer aus der Mühle**
+ **Korianderblätter zum Garnieren**

RATATOUILLE MAROCAINE
MIT KREUZKÜMMEL UND ZIMT

ZUBEREITUNG
🔥 20 MIN.   ⏱ 20 MIN.

01. Das Gemüse putzen und waschen bzw. schälen. Die Cocktailtomaten beiseitelegen. Auberginen und Zucchini längs vierteln und in etwa 1 cm dicke Scheiben schneiden. Zwiebeln und Fenchel in schmale Spalten schneiden. Den Knoblauch in feine Würfel schneiden. Die Chilischoten längs halbieren, entkernen, waschen und ebenfalls in feine Würfel schneiden.

02. Den Sesam in einer Pfanne ohne Fett anrösten und wieder herausnehmen. Auberginen und Zucchini portionsweise in Olivenöl anbraten, bis sie leicht gebräunt sind. Wieder aus der Pfanne nehmen.

03. Dann Fenchel- und Zwiebelspalten im Olivenöl anbraten. Knoblauch, Chili, Kräuter der Provence, Kreuzkümmel, Zimt und 1 EL Honig hinzufügen und leicht karamellisieren. Brühe, stückige Tomaten und Cocktailtomaten hinzufügen, aufkochen und ohne Deckel 2 bis 3 Minuten köcheln lassen. Die Auberginenscheiben hinzufügen und weitere 3 bis 4 Minuten köcheln lassen. Zuletzt die Zucchini dazugeben und etwa 1 Minute mit erhitzen.

04. Das Gemüse mit Salz, Pfeffer, Honig und Zitronensaft abschmecken. 1 EL Sesam unterrühren. Den restlichen Sesam und die Petersilie darüberstreuen. Dazu passt Fladenbrot.

ZUTATEN
FÜR 4 PERSONEN

+ **250 g Cocktailtomaten**
+ **2 kleine Auberginen**
+ **2 Zucchini**
+ **2 rote Zwiebeln**
+ **2 kleine Fenchelknollen**
+ **4 Knoblauchzehen**
+ **2 rote Chilischoten**
+ **4 EL helle Sesamsamen**
+ **5–6 EL Olivenöl**
+ **3 TL getrocknete Kräuter der Provence**
+ **2 TL gemahlener Kreuzkümmel**
+ **2 Msp. Zimtpulver**
+ **2 EL Honig**
+ **400 ml Gemüsebrühe**
+ **400 g stückige Tomaten (aus der Dose)**
+ **Salz • Pfeffer aus der Mühle**
+ **2 EL Zitronensaft**
+ **2 EL gehackte Petersilie**

GEMÜSEFRITTATA
MIT PAPRIKA UND CHAMPIGNONS

ZUBEREITUNG
🍴 20 MIN. ⏱ 40 MIN.

01. Die Kartoffeln mit der Schale gründlich waschen und in Salzwasser etwa 20 Minuten weich garen. Die Kartoffeln abgießen, ausdampfen lassen und möglichst heiß pellen.

02. Die Paprikaschote längst halbieren, entkernen, waschen und in Streifen schneiden. Die Schalotten schälen, halbieren und in Streifen schneiden. Den Lauch putzen, waschen und in feine Scheiben schneiden. Die Pilze putzen, falls nötig, mit Küchenpapier trocken abreiben und in feine Scheiben schneiden. Die Kartoffeln ebenfalls in Scheiben schneiden. Die Petersilie waschen und trocken schütteln, die Blätter abzupfen und fein hacken.

03. Die Eier mit der Milch verquirlen und mit Meersalz, Pfeffer und 1 Prise Muskatnuss würzen. Den Pecorino fein reiben und untermischen.

04. Das Olivenöl in einer großen Pfanne erhitzen und die Schalotten darin andünsten. Paprikaschote und Lauch dazugeben und 2 bis 3 Minuten mitdünsten. Kartoffelscheiben und Pilze dazugeben und mitdünsten. Die Petersilie untermischen und das Gemüse mit Salz und Pfeffer würzen. Die Eiermilch über das Gemüse gießen und zugedeckt bei schwacher Hitze etwa 10 Minuten stocken lassen.

05. Die Gemüsefrittata vorsichtig aus der Pfanne gleiten lassen, in Viertel schneiden und auf Tellern anrichten. Nach Belieben mit etwas Pecorino bestreuen. Dazu passt ein gemischter Blattsalat.

ZUTATEN
FÜR 4 PERSONEN

+ **300 g festkochende Kartoffeln**
+ **Meersalz**
+ **1 rote Paprikaschote**
+ **3 Schalotten**
+ **1 Stange Lauch**
+ **200 g Champignons**
+ **½ Bund Petersilie**
+ **6 Eier**
+ **80 ml Milch**
+ **Pfeffer aus der Mühle**
+ **frisch geriebene Muskatnuss**
+ **50 g Pecorino (am Stück)**
+ **4 EL Olivenöl**

03

SÜSSES

PFLAUMENKUCHEN
MIT ZIMT

ZUBEREITUNG
🥄 25 MIN. ⏱ 20 MIN.

01. In einem kleinen Topf 50 g Butter zerlassen und etwas abkühlen lassen. Die Pflaumen waschen und mit einem Küchentuch trocken reiben, anschließend halbieren und entsteinen. Das Mehl mit dem Puddingpulver und dem Backpulver mischen.

02. Die Eier mit 1 Prise Salz in einer Rührschüssel mit den Quirlen des Handrührgeräts schaumig schlagen. 100 g Zucker nach und nach einrieseln lassen und die Masse cremig schlagen. Zunächst die flüssige Butter, dann die Mehl-Puddingpulver-Mischung unterheben.

03. Die restliche Butter in der Pfanne erhitzen und die Pflaumen darin bei mittlerer Hitze auf der Hautseite 2 Minuten anbraten. Den übrigen Zucker und das Zimtpulver darüberstreuen, die Pflaumen wenden und 3 bis 4 Minuten braten.

04. Die Pflaumen gleichmäßig in der Pfanne verteilen und den Teig so darübergießen, dass alle Pflaumen bedeckt sind. Den Kuchen zugedeckt bei schwacher Hitze 20 Minuten backen, dabei einmal den Deckel anheben und das Kondenswasser abwischen.

05. Den fertigen Kuchen auf einen Teller stürzen und kurz ruhen lassen. Noch warm in Stücke schneiden und servieren.

ZUTATEN
FÜR 4 PERSONEN

+ **70 g Butter**
+ **600 g große rote oder gelbe Pflaumen**
+ **100 g Dinkelmehl (Type 630)**
+ **2 Päckchen Vanillepudding-pulver**
+ **2 TL Backpulver**
+ **3 Eier (Göße M)**
+ **Salz**
+ **125 g Zucker**
+ **1 Msp. Zimtpulver**

❤ *Dazu passt Vanilleeis. Oder Eierlikörsahne: Dazu 200 g kalte Sahne mit 1 EL Zucker und 1 Päckchen Sahnesteif in einem hohen Rührbecher mit den Quirlen des Handrührgeräts steif schlagen. Dann 5 cl Eierlikör unterschlagen und die fertige Eierlikörsahne bis zum Genuss zugedeckt kühl stellen.*

KAISERSCHMARREN
MIT BROMBEERKOMPOTT

ZUBEREITUNG
🥄 20 MIN. ⏱ 25 MIN.

01. Für den Schmarren die Eier trennen. Die Eiweiße mit 1 Prise Salz zu steifem Schnee schlagen. Die Eigelbe mit der Milch, der Hälfte des Puderzuckers und dem Mehl glatt verrühren. Den Eischnee vorsichtig unterheben.

02. Den Backofen auf 100 °C vorheizen. In einer großen Pfanne 1 EL Butter erhitzen. Die Hälfte des Teigs hineingeben und bei mittlerer Hitze etwa 5 Minuten backen, bis er an der Unterseite fest und goldbraun ist. Den Teig auf einen Teller gleiten lassen, zurück in die Pfanne stürzen und etwa 2 Minuten backen.

03. Den Teig mit einer Teigkarte in Stücke teilen. 1 EL Butter in kleine Stücke schneiden und etwas Puderzucker dazugeben. Den Schmarren unter Rühren etwa 3 Minuten goldbraun backen und im Ofen warm halten. Den restlichen Teig ebenso verarbeiten. Den fertigen Kaiserschmarren auf Teller verteilen, mit Puderzucker bestäuben und mit dem Brombeerkompott servieren.

♥ *Für selbst gemachtes Brombeerkompott 500 g Brombeeren verlesen, waschen und trocken tupfen. 125 ml trockenen Rotwein mit 60 g Zucker bei starker Hitze etwa 5 Minuten einkochen. Die Brombeeren dazugeben, einmal kräftig aufkochen und das Kompott auf dem abgeschalteten Herd nachziehen und abkühlen lassen.*

**ZUTATEN
FÜR 4 PERSONEN**

+ **6 Eier**
+ **Salz**
+ **¼ l Milch**
+ **5 EL Puderzucker**
+ **250 g Mehl**
+ **4 EL Butter**
+ **Puderzucker zum Bestäuben**
+ **500 g Brombeerkompott (aus dem Glas oder selbst gemacht; siehe Tipp)**

BRATAPFELCRUMBLE
MIT CRANBERRYS

ZUBEREITUNG

🥄 **20 MIN.** ⏱ **25 MIN.**

01. Den Backofen auf 200 °C vorheizen. Für die Streusel Mehl und Haferflocken mischen. Die Butter in einer ofenfesten Pfanne zerlassen, je ½ TL Salz und Zimt unterrühren. 180 g Zucker dazugeben und gut untermischen, dann die Mehl-Haferflocken-Mischung hinzufügen und alles mit dem Holzlöffel zu einem Bröselteig verrühren. In eine Schüssel umfüllen und die Pfanne säubern.

02. Die Äpfel waschen, vierteln und die Kerngehäuse entfernen. Die Viertel in große Würfel oder Spalten schneiden. Die Marzipanrohmasse klein zupfen. Die Butter in der Pfanne erhitzen und die Apfelwürfel darin bei mittlerer Hitze 5 bis 7 Minuten rundum anbraten, bis sie leicht gebräunt sind.

03. Restlichen Zimt, Zitronensaft, Cranberrys und übrigen Zucker hinzufügen und alles köcheln lassen, bis sich der Zucker aufgelöst hat und leicht karamellisiert. Die Pfanne vom Herd nehmen. Die Äpfel mit dem Marzipan bestreuen und dann mit den Streuseln bedecken. Den Crumble im Ofen auf der mittleren Schiene 25 Minuten backen, bis die Streusel leicht gebräunt und knusprig sind.

04. Die Pfanne aus dem Ofen nehmen und den Crumble etwas abkühlen lassen. Mit Puderzucker bestäubt warm, lauwarm oder auch kalt servieren. Dazu schmeckt Schlagsahne oder Vanillesauce.

**ZUTATEN
FÜR 6–8 PERSONEN**

+ **250 g Mehl**
+ **50 g zarte Haferflocken**
+ **150 g Butter**
+ **Salz**
+ **1 TL Zimtpulver**
+ **260 g brauner Zucker**
+ **800 g leicht säuerliche Äpfel (z. B. Elstar)**
+ **125 g Marzipanrohmasse**
+ **1 EL Butter**
+ **2 EL Zitronensaft**
+ **50 g getrocknete Cranberrys**
+ **Puderzucker zum Bestäuben**

PORRIDGE
GRUNDREZEPT

ZUBEREITUNG 🍴 5 MIN. ⏱ 5 MIN.
ZUTATEN FÜR 1 PERSON

01. ½ Tasse zarte Haferflocken, ½ Tasse Schmelz-
flocken, 1 Tasse fettarme Milch, **1 Tasse warmes Wasser**
und **1 TL Honig** in einen kleinen Topf geben und unter
ständigem Rühren aufkochen lassen.

02. Die Temperatur reduzieren und den Haferbrei bei
schwacher Hitze quellen lassen, bis er schön sämig ist.

♥ *Zarte Haferflocken*
quellen schneller auf als
kernige.

♡ Ob als Frühstück, Snack für zwischendurch oder süßes Abendessen — Porridge ist absolutes Soulfood! Nach Lust und Laune lässt er sich super variieren.

SCHOKO-PORRIDGE
MIT BANANE

ZUBEREITUNG 5 MIN. 5 MIN.
ZUTATEN FÜR 1 PERSON

1 Banane schälen und mit einer Gabel im Topf zerdrücken. Die **Basiszutaten** und **2 bis 3 TL Kakaopulver** dazugeben und wie im Basisrezept beschrieben bis zur gewünschten Sämigkeit köcheln lassen.
Den Porridge mit **Schokoraspeln** bestreuen.

BEEREN-PORRIDGE
MIT KOKOSRASPELN

ZUBEREITUNG 10 MIN. 5 MIN.
ZUTATEN FÜR 1 PERSON

Das **Basisrezept** mit **1 Prise Zimtpulver**, **1 Handvoll frische Beeren** (z.B. Erdbeeren, Himbeeren, Heidelbeeren) nach Wahl und **gemahlener Vanille** bis zur gewünschten Sämigkeit kochen. Inzwischen Beeren verlesen, evtl. waschen und größere Erdbeeren halbieren. Den Porridge mit Beeren und **Kokosraspeln** anrichten und warm genießen.

MACADAMIA WHITE CHOC
COOKIE CAKE

ZUBEREITUNG
🥄 15 MIN.   ⏱ 30 MIN. + 1 STD. WARTEN

01. Die Butter in einem kleinen Topf zerlassen und etwas abkühlen lassen. Das Mehl mit dem Backpulver mischen. Nüsse und Schokolade grob hacken.

02. Die flüssige Butter, alle drei Zuckersorten, das Kakaopulver und 1 Prise Salz in einer Rührschüssel mit den Quirlen des Handrührgeräts rühren, bis sich der Zucker fast vollständig aufgelöst hat. Das Ei unterschlagen und die Masse etwa 2 Minuten cremig schlagen. Die Mehl-Backpulver-Mischung mit einem Holzlöffel unterrühren, zuletzt je die Hälfte der Nüsse und der Schokolade unterheben.

03. Den Teig in der Pfanne verstreichen, sodass rundum ein etwa 2 cm breiter Rand frei bleibt. Die restlichen Nüsse und die übrige Schokolade darauf verteilen und ganz leicht hineindrücken. Den Kuchen zugedeckt bei schwacher Hitze etwa 28 Minuten backen, bis die Oberseite fest und die Unterseite leicht gebräunt ist. Vom Herd nehmen und in der Pfanne 1 Stunde abkühlen lassen.

04. Den Cookie Cake auf einen Teller stürzen, dann auf eine Servierplatte stürzen. In Stücke schneiden oder brechen und servieren.

ZUTATEN
FÜR 6 PERSONEN

+ **80 g Butter**
+ **120 g Mehl**
+ **1 TL Backpulver**
+ **80 g gesalzene Macadamianusskerne**
+ **60 g weiße Schokolade**
+ **70 g Vollrohrzucker**
+ **50 g weißer Zucker**
+ **1 Pck. Bourbon-Vanillezucker**
+ **1 TL Kakaopulver**
+ **Salz**
+ **1 Ei (Größe M)**

HEFEKÜCHLEIN
MIT ÄPFELN

ZUBEREITUNG
🔥 15 MIN.   ⏱ 25 MIN. + 1 STD. 15 MIN. WARTEN

01. Das Mehl mit dem Zucker in einer großen Schüssel mischen. 2 EL abnehmen und mit der Milch und der zerbröckelten Hefe verrühren. Diese Mischung 5 bis 10 Minuten gehen lassen, bis sich das Volumen stark vergrößert hat.

02. Die Äpfel waschen und vierteln, das Kerngehäuse entfernen. Die Apfelviertel in kleine Würfel schneiden. Eier, Butter, Milch-Hefe-Mischung und ½ TL Salz zur Mehl-Zucker-Mischung geben und alles mit den Quirlen des Handrührgeräts zu einem glatten Teig verrühren. Die Apfelwürfel unterrühren. Den Teig mit einem Küchentuch zugedeckt an einem warmen Ort 1 bis 1½ Stunden gehen lassen, bis er schön aufgegangen ist.

03. In der Pfanne 1 cm hoch Öl erhitzen. Den Teig einmal durchrühren und ein Viertel des Teigs in der Pfanne verteilen. Bei mittlerer Hitze 4 bis 5 Minuten goldbraun ausbacken, wenden und weiterbacken, bis auch die zweite Seite goldbraun ist. Mit dem Schaumlöffel herausheben und auf Küchenpapier abtropfen lassen.

04. Die übrigen Küchlein genauso backen. Die noch heißen Küchlein nach Belieben in Zimtzucker wenden oder mit Vanillesauce servieren. Fein dazu schmeckt auch Konfitüre oder Apfelmus.

ZUTATEN
FÜR 4 PERSONEN

+ **300 g Mehl**
+ **70 g Zucker**
+ **200 ml lauwarme Milch**
+ **½ Würfel Hefe (21 g)**
+ **2 Äpfel (z.B. Elstar)**
+ **2 Eier (Gr. L)**
+ **60 g weiche Butter**
+ **Salz**
+ **Öl zum Ausbacken**

UNSER
LIEBLING

MANDELMILCHREIS
MIT BROMBEEREN

ZUBEREITUNG
🔥 25 MIN.   ⏱ 20 MIN.

01.   Milch, Reis, Mandelmus und 1 Prise Salz mit ¼ l Wasser in einem Topf einmal aufkochen und anschließend zugedeckt bei schwacher Hitze 20 Minuten köcheln lassen, dabei immer wieder umrühren.

02.   Inzwischen die Mandelstifte in einer Pfanne ohne Fett goldbraun anrösten, dann aus der Pfanne nehmen.
Die Brombeeren verlesen, waschen und trocken tupfen.

03.   Den Zucker unter den Milchreis rühren. Den Milchreis mit Mandeln und Brombeeren bestreut servieren.

🔄   *Der Milchreis schmeckt mit allen Beeren, frisch oder aus der Tiefkühltruhe. Aber auch mit Äpfeln, Birnen, Pfirsichen, Orangen, Feigen, Pflaumen oder Mango. Probieren Sie einfach verschiedene Kreationen aus und finden Sie Ihre persönliche Lieblingsvariante.*

**ZUTATEN
FÜR 2 PERSONEN**

+   **200 ml Milch**
+   **150 g Milchreis**
+   **1 EL weißes Mandelmus (Bioladen)**
+   **Salz**
+   **2 EL Mandelstifte**
+   **75 g Brombeeren**
+   **1 EL Zucker**

REZEPTREGISTER

— 1-TOPF-GERICHTE —

IMPRESSUM

© **ZS VERLAG GmbH**
Kaiserstraße 14 b
D–80801 München

ISBN 978-3-89883-944-0
1. Auflage 2019

Projektleitung: Isabella Thiel
Lektorat: ZS-Team
Grafik Design & Artdirection: Seidldesign
Grafik & Satz: Irene Schulz
Herstellung: Frank Jansen
Producing: Jan Russok
Druck & Bindung: optimal media GmbH, Röbel

Kurze Wege schonen die Umwelt
Dieses Buch wurde in Deutschland gedruckt

Die ZS Verlag GmbH ist ein Unternehmen der Edel SE & Co. KGaA, Hamburg.
www.zsverlag.de | www.facebook.com/zsverlag

BILDNACHWEIS

Umschlag: C. Timmann: vorn; T. Suedfels: hinten (l.), M. Neubauer: hinten (M.), W. Schardt: hinten (r.)
Innenteil: C. Gödke: 33; J. Hoersch: 5, 9; A. Kramp/B. Gölling: 69; M. Neubauer: 13, 15, 19, 20/21, 29, 45, 55, 56/57; A. Plewinski: 25, 43; W. Schardt: 23, 27, 31, 35, 39, 47, 59, 67, 73, 77, 81, 83; M. Schinharl: 17, 51, 75; M. Schürle/M. Grossmann: 61; A. Schütz: 49, 53, 63, 85; T. Suedfels: 11; C. Timmann: 78/79; A. Walter: 41; M. Zanin: 65

HINWEISE ZU DEN REZEPTEN

Zubereitungszeit: Alle Rezepte haben eine kurze Zubereitungszeit. Bitte beachten Sie jedoch bei der Planung auch die angegebenen Back- und Kühlzeiten, die evtl. noch hinzukommen.
Backofentemperatur: Wenn nicht anders angegeben, beziehen sich die Temperaturangaben auf die Einstellung Ober-/Unterhitze. Berücksichtigen Sie außerdem die Eigenschaften Ihres Backofens, denn jeder Backofen bäckt anders.

Easy Auswahl ...

5-Zutaten-Küche
ISBN 978-3-89883-920-4

Leicht und schnell
ISBN 978-3-89883-923-5

Low Carb-Express
ISBN 978-3-89883-921-1

Lunchbox Express
ISBN 978-3-89883-924-2

Schnelle Landküche
ISBN 978-3-89883-925-9

Smoothies, Shakes & Co.
ISBN 978-3-89883-922-8

Brote und Dips
ISBN 978-3-89883-943-3

1-Topf-Gerichte
ISBN 978-3-89883-944-0

Vom Blech
ISBN 978-3-89883-942-6

Geschenke aus der Küche
ISBN 978-3-89883-945-7

ISBN 978-3-89883-943-3

ISBN 978-3-89883-944-0

ISBN 978-3-89883-942-6

ISBN 978-3-89883-945-7

Gleich weiterkochen!

Jetzt überall,
wo es gute Bücher gibt.

LÖFFELMENGEN (PRO GESTR. LÖFFEL)

Lebensmittel	EL	TL	Lebensmittel	EL	TL
Flüssigkeit	12 ml	5 ml	Mehl (Type 405)	7 g	3 g
Backpulver	9 g	3 g	Paprikapulver	6 g	2 g
Butter	10 g	4 g	Puderzucker	4 g	3 g
Crème fraîche	10 g	5 g	Reis	10 g	5 g
Gelatine, gemahlen	8 g	3 g	Salatmayonnaise	10 g	5 g
Grieß	8 g	3 g	Salz	13 g	5 g
Haferflocken	7 g	2 g	Sahne (30 % F.)	10 g	5 g
Haselnusskerne, gemahlen	5 g	2 g	Saure Sahne (10 % F.)	10 g	6 g
Honig	15 g	6 g	Schwarzer Tee	4 g	2 g
Joghurt (3,5 % F.)	10 g	6 g	Semmelbrösel	6 g	3 g
Käse, gerieben	5 g	3 g	Senf	10 g	3 g
Kaffee, gemahlen	4 g	2 g	Speiseöl	10 g	4 g
Kaffee, löslich	3 g	1 g	Speisestärke	7 g	3 g
Kakaopulver	5 g	2 g	Tomatenketchup	12 g	5 g
Kondensmilch	14 g	6 g	Tomatenmark	12 g	5 g
Mandeln, gemahlen	5 g	3 g	Zimtpulver	4 g	2 g
Margarine	10 g	4 g	Zucker	10 g	5 g